글 김희남

고려대학교에서 철학을 공부했고, 지금은 어린이책 글 작가로 활동하고 있습니다.
쓴 책으로 〈수학 식당〉, 〈할까 말까〉, 〈사라진 분유통을 찾아라!〉 등이 있습니다.

그림 김고은

서울에서 태어나 독일 부퍼탈 베르기슈 대학에서 그림을 공부했습니다.
글을 쓰고 그림을 그린 책으로는 〈우리 가족 납치 사건〉, 〈눈행성〉, 〈조금은 이상한 여행〉, 〈딸꾹질〉, 〈일어날까, 말까?〉가 있습니다. 그린 책으로는 〈아큐정전, 어떻게 삶의 주인이 될 것인가〉, 〈말하는 일기장〉, 〈똥호박〉, 〈쥐와 게〉, 〈책 좀 빌려줘유〉, 〈공부의 신 마르크스, 돈을 연구하다〉 등이 있습니다.

감수 신항균

성균관대학교 대학원 수학과를 졸업했습니다.
공군사관학교와 우석대학교 교수를 역임했고,
미국 애리조나 주립대학교 수학과 교환교수로도 활동한 바 있습니다.
지금은 서울교육대학교 수학교육과 교수로 재직 중이며,
동 대학교 초등수학교육연구소장으로 있습니다.
또한 서울교육대학교 영재교육원 운영위원으로도 활동하고 있습니다.
초등학교와 중학교, 고등학교에 이르기까지 수학교과서 집필책임교수로 활동했고,
저서로는 〈수학사와 수학이야기〉, 〈클릭 수학나라〉, 〈영재들의 1등급 수학교실 시리즈〉가 있습니다.

2단계 시계 보기 32

보자기가 된 꼬마 유령

글 **김희남** 그림 **김고은** 감수 **신항균**
펴낸곳 **(주)아람키즈** | 펴낸이 **이소영** | 주소 **서울특별시 성동구 성수이로 147 아이에스비즈타워 2F**
고객센터 **1644-4521** | 팩스 **02-468-5548** | 홈페이지 **www.aramkids.co.kr** | 출판등록 **제2020-000011호**
기획 편집 디자인 **(주)아람키즈 하늘땅**
ISBN **979-11-6543-573-8 979-11-6543-509-7(세트)**

• 눈을 편안하게 해 주는 친환경 식물성 원료인 콩기름 잉크로 인쇄하였습니다.

보자기가 된 꼬마 유령

글 김희남 · 그림 김고은 · 감수 신항균

아람키즈

모두가 잠든 깜깜한 밤,
12시를 알리는 종이 울렸어요.
땡, 땡, 땡, 땡, 땡, 땡, 땡, 땡, 땡, 땡, 땡, 땡!
"하암, 잘 잤다!"
**낡고 오래된 이층집 *다락방에서
꼬마 유령이 기지개를 켜며
일어났어요.**

꼬마 유령은 꼬물꼬물 고양이 세수를 하고,
후다닥 음식을 입에 털어 넣었어요.
옷은 입은 그대로 ***탈탈** 털면 끝!
나갈 준비를 냉큼 마쳤지요.

꼬마 유령은 친구들과 만났어요.

공동묘지에서 화들짝 귀신 놀이를 하고,

무시무시한 ***드라큘라**가 되어 보기도 했어요.

빗자루를 타고 쌩~!

마녀 놀이보다 재미있는 건 없지요.

꼬마 유령과 친구들은 신나게 놀았어요.

땡, 땡, 땡, 땡, 땡, 땡!
종소리가 울렸어요.
"앗, 6시다. 서둘러야 해!"

**6시까지 집으로 돌아가지 않으면,
아기 유령은 하얀 보자기로 변해 버린대요.**

꼬마 유령은 보자기로 변해 뚱뚱한 식당 주인의
앞치마가 된 사촌 형이 떠올랐어요.
빨간 국물이 여기저기 튀어 끔찍해 보였거든요.

꼬마 유령은 눈 깜짝할 사이에 집에 도착했어요.

"후유, 다행이다. 하마터면 나까지 보자기가 될 뻔했잖아."

꼬마 유령은 침대에 눕자마자 *까무룩 잠이 들었어요.

땡, 땡, 땡, 땡, 땡, 땡,
땡, 땡, 땡, 땡, 땡, 땡!
하루가 지나고 다시 밤 12시가 되었어요.
"하암, 잘 잤다!"
오늘은 또 무슨 놀이를 할까 생각하니
꼬마 유령은 벌써부터 몸이 근질거렸어요.

으악!

오늘은 친구들과 함께 놀이터로 갔어요.
사람 흉내를 내 보고 싶었거든요.
"으악!" 무서운 것처럼 소리 지르며 그네를 타고,
엉덩이를 쿵쿵대며 시소도 탔어요.

꼬마 유령은 친구들 몰래
밤 모양 미끄럼틀 속에 꽁꽁 숨었어요.

두근두근, 한참을 숨어 있는데 뭔가 이상했어요.
쥐 죽은 듯 조용하고, 친구들 소리도 나지 않았어요.
"어? 그런데 지금 몇 시지?"
꼬마 유령은 미끄럼틀에서 기어 나와 시계탑으로 갔어요.

짧은바늘이 6에 가 있고,
긴바늘이 12를 가리키고 있었어요.
"이게 도대체 몇 시야?"

꼬마 유령은 시계를 잘 볼 줄 몰라
제 머리를 콩콩 쳤어요.
바로 그때! 몸이 점점 빳빳해졌어요.
"앗, 내 몸이 왜 이래?"
꼬마 유령은 결국 보자기로 변해 버렸어요!

아무리 움직이려 해도 움직일 수 없고,
아무리 소리치려 해도 소리가 나지 않았어요.
보자기가 된 꼬마 유령은 바람 따라 이리저리 날아다녔지요.

그러다 이층집 창문 앞 나뭇가지에 턱 걸렸어요.

"어? 보자기잖아!"

작은 아이가 손을 뻗어 꼬마 유령을 걷어 갔지요.

아이는 보자기가 된 꼬마 유령을
물이 담긴 대야에 첨벙 담갔어요.
***조물조물** 맘대로 주무르더니
쨍쨍 햇볕에 널어 바짝 말렸지요.

아이는 깨끗해진 보자기를
어깨에 척 걸치고는 책도 보고,

펄럭펄럭
슈퍼맨 놀이도 했어요.

강아지랑 같이
숨바꼭질 놀이도 했지요.

“시계탑 종이 고장 났었다지 뭐니?”
*잠자리에서 아이의 엄마가 말했어요.
“엄마, 저도 이제 시계 볼 줄 알아요.”
“그래? 그럼 지금이 몇 시일까?”
“헤헤, 엄마가 책 읽어 주는 시간이요.”
“요 장난꾸러기 엄마를 놀렸구나.
짧은바늘이 8에 있고, **긴바늘**이 12에 가 있으니까,
지금은 **8시**야.’
꼬마 유령은 엄마의 이야기를 귀담아들었어요.

‘아! **짧은바늘**이 6을 가리키고,
긴바늘이 12에 있으면…… **6시**구나!’
꼬마 유령은 시계 보는 걸 진작 알았더라면
보자기가 되지 않았을 텐데, 하고
후회를 했어요.

밤은 점점 깊어 갔어요.
10시, 11시를 지나, 12시가 되었어요.
'지금쯤 친구들이랑 즐겁게 놀 시간인데…….'
보자기에 물방울이 떨어지기 시작했어요.
뚝, 뚝, 뚝, 뚝, 뚝, 뚝,
뚝, 뚝, 뚝, 뚝, 뚝, 뚝.
꼬마 유령은 눈물을 12방울이나 흘렸어요.
그때 신기한 일이 벌어졌어요.

보자기가 둥실 떠오르더니,
꼬마 유령으로 변한 거예요!

"와! 내 몸이 다시 돌아왔다."

꼬마 유령은 잽싸게 시계탑으로 날아갔어요.
그러고는 시계탑의 종에 매달려 열두 번 종을 쳤어요.

땡, 땡, 땡, 땡, 땡, 땡,
땡, 땡, 땡, 땡, 땡, 땡!

이제 친구들이 몰려오겠지요?
꼬마 유령은 다시 유령이 되어 아주아주 행복했어요.

엄마가 보기

시계 보는 법을 익혀요

'시계 보기'는 시계가 나타내는 수 개념을 이해하고, 시간의 흐름을 깨닫는 활동입니다. 우리는 날마다 시계를 보며 하루를 보냅니다. 시계가 알려 주는 시각에 따라 유치원에 가고, 점심을 먹고, 집으로 돌아옵니다. 시계 보기를 알면 아이 스스로 매일 반복되는 생활을 규칙적으로 하는 데 도움이 될 것입니다.

긴바늘이 분을 가리키고, 짧은바늘이 시를 가리킨다는 개념은 시계 보기의 시작입니다. 긴바늘이 12를 가리킬 때 짧은바늘이 가리키는 숫자를 살펴보고, 그 숫자에 '시'를 붙여서 '○시'라고 말한다는 것을 알려 주세요. 긴바늘을 12에 놓고 짧은바늘을 1부터 12까지 차례로 놓으며 몇 시인지 스스로 말해 보게 하세요. 또 엄마가 시각을 말하면, 아이가 시곗바늘을 돌려 맞춰 보게 하세요.

아이에게 몇 시에 일어나야 하는지, 몇 시에 유치원에 가는지 등을 묻고 그 시각을 시계로 나타내 보세요. 이 과정에서 아침 9시가 있고, 밤 9시가 있듯 하루에 같은 시각이 두 번씩 있다는 것도 자연스럽게 알 수 있습니다. 정각을 보는 것에 익숙해지면 30분 보기도 차근차근 알려 주세요.

꼬마 유령과 아이는 몇 시에 자나요?

긴바늘이 12를 가리키고 짧은바늘이 6을 가리켜요.
꼬마 유령은 아침 6시에 자요.

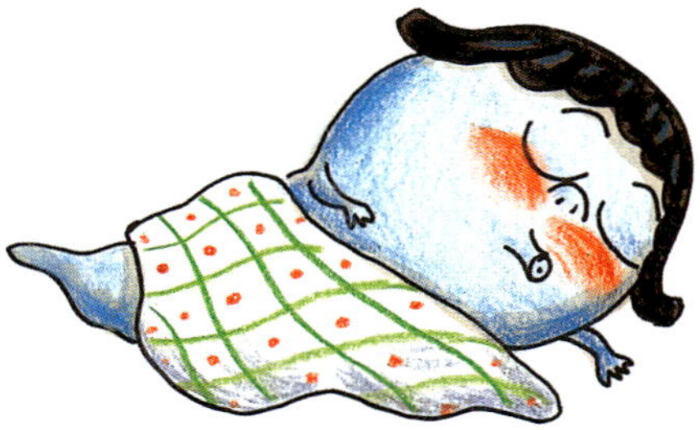

긴바늘이 12를 가리키고, 짧은바늘이 9를 가리켜요.
아이는 밤 9시에 자요.

아이와 함께 하기

함께 해 보아요

오늘 하루 친구들은 무엇을 하며 지냈나요?
몇 시에 무엇을 했는지 이야기해 보고, 시각을 써 보세요.

9시		

아침에 일어나
유치원에 갔어요.

점심을 먹었어요.

저녁을 먹기 전에
만화 영화를 봤어요.

시곗바늘이 같은 곳을 가리키지만, 시각은 달라요.
그림을 보며 다른 점을 찾아 말해 보아요.